conhecer & enfrentar

DROGAS
maconha, cocaína e crack

conhecer & enfrentar

DROGAS
maconha, cocaína e crack

Ronaldo Laranjeira
Flávia Jungerman
John Dunn

Copyright© 1998 dos Autores
Todos os direitos desta edição reservados à
Editora Contexto (Editora Pinsky Ltda.)

Coleção
Conhecer & Enfrentar

Coordenadores
Dr. Paulo Palma e Dr. Carlos Domene

Preparação
Rose Zuanetti

Projeto gráfico
Tania Ferreira de Abreu

Diagramação
Niulze Aparecida Rosa e Gustavo S. Vilas Boas

Ilustração de capa
Mônica Arghinenti

Revisão
Márcio Guimarães de Araújo,
Nanci Ricci e Camila P. Fernandes

Dados Internacionais de Catalogação na Publicação (CIP)
(Câmara Brasileira do Livro, SP, Brasil)

Laranjeira, Ronaldo
Drogas / Ronaldo Laranjeira, Flávia Jungerman, John Dunn. –
5. ed. – São Paulo : Contexto, 2024. – (Conhecer & Enfrentar).

ISBN 978-85-7244-086-8
1. Cocaína 2. Crack (Droga) 3. Maconha
I. Jungerman, Flávia. II. Dunn, John. III. Título. IV. Série.

95-5110 CDD-362.29

Índices para catálogo sistemático:
1. Drogas de abuso : Problemas sociais 362.29

2024

EDITORA CONTEXTO
Diretor editorial: *Jaime Pinsky*

Rua Dr. José Elias, 520 – Alto da Lapa
05083-030 – São Paulo – SP
PABX: (11) 3832 5838
contato@editoracontexto.com.br
www.editoracontexto.com.br

Proibida a reprodução total ou parcial.
Os infratores serão processados na forma da lei.

SUMÁRIO

Introdução 7

Maconha 9

Efeitos da maconha 14

Cocaína e crack 27

Efeitos da cocaína e do crack 34

Família 47

Tratamento 56

INTRODUÇÃO

É crescente a preocupação dos pais em relação ao uso das drogas; a imprensa falada e escrita tem revelado com certa frequência o mundo das drogas, recheando-o de imagens de destruição, violência e empobrecimento; em qualquer reunião de pais e professores se discute este tema, e mesmo famílias que não convivem com usuários de drogas já estão preocupadas em evitar que isso aconteça um dia a um dos seus; à sua maneira, as autoridades se interessam pelo problema, pois sabem que esse comércio ilegal movimenta a soma astronômica de 600 bilhões de dólares por ano no mundo, soma inferior apenas ao da indústria de armamentos; os profissionais da saúde também procuram orientar a sociedade passando as informações mais úteis aos usuários em potencial, aos usuários propriamente ditos, suas famílias e autoridades em geral. Mas tudo isso ainda parece pouco diante da dimensão da questão.

Se por um lado o assunto drogas está em nosso dia a dia, por outro a qualidade das informações que permeiam esse debate é por demais superficial, sem credibilidade científica e rica de calor ideológico. Para os que se opõem às drogas, qualquer argumento é válido para manter sua família longe delas. Para os que querem experimentar ou estão experimentando alguma droga, a própria experiência ou a de amigos são usadas como evidência do exagero que existe em relação aos problemas decorrentes do uso das drogas.

Consideramos que o melhor argumento contra as drogas são as evidências científicas, claras e objetivas, sem a retórica evangélica e sem o desespero de querer convencer quem quer que seja. O objetivo deste livro é discutir os principais mitos que rondam as drogas ilegais no Brasil: a maconha, a cocaína e o crack. E todos os dados aqui apresentados basearam-se em pesquisas científicas publicadas nos últimos anos e na experiência dos autores no tratamento de pessoas com sérios problemas de dependência de drogas na UNIAD (Unidade de Pesquisas em Álcool e Drogas), da Escola Paulista de Medicina da Universidade Federal de São Paulo.

Com esta obra queremos orientar pais e professores, e estamos certos de que também vamos colaborar para a desmitificação do tema e para a elaboração de políticas públicas adequadas pelas autoridades educacionais e de saúde.

MACONHA

Conhecida também como marijuana, erva, fumo, dentre outros nomes, a maconha é produto de uma planta de nome *Cannabis sativa*. Uma resina grudenta cobre as flores e as folhas superiores, principalmente na planta fêmea, e contém mais de sessenta substâncias chamadas canabinoides. No entanto, a substância que produz os efeitos mentais desejados é o THC (delta-9-tetraidrocanabinol). Existem outras quatrocentas substâncias químicas na maconha que, embora não resultem em efeitos para o cérebro, produzem outros no corpo.

O uso da maconha é conhecido há cerca de 12.000 anos. Com a planta, os gregos e os chineses faziam cordas que eram utilizadas em navios. Como medicamento, começou a ser usada na China há 3.000 anos no tratamento de constipação intestinal, malária, dores reumáticas e doenças femininas. Por suas propriedades psicoativas, a planta era recomendada para melhorar o sono e estimular o apetite. Um pouco mais tarde, na Índia, sua capacidade de produzir euforia foi descoberta e então a *Cannabis* passou a ser prescrita para reduzir a febre, estimular o apetite, curar doenças venéreas e como analgésico. Por volta de 1850, suas propriedades anticonvulsivantes, analgésicas, antiansiedade e antivômito foram pesquisadas por vários médicos europeus.

Foi no início do século XX que o uso da maconha como medicamento praticamente desapareceu do mundo ocidental com a descoberta das drogas sintéticas, muito mais seguras e eficazes. A partir daí, a maconha passou a ser usada quase que exclusivamente como droga de abuso, o que acontece até os dias de hoje.

O mito:

*A concentração da maconha
é sempre igual nas suas preparações.*

A verdade

O conteúdo da substância ativa da maconha (THC) varia conforme o clima, solo, plantação e tipo de planta. Existem evidências de que nos últimos anos a concentração de THC na maconha vem aumentando: nos anos 60, ficava em torno de 1 %; atualmente chega a 4%, podendo em algumas situações atingir 20%. Em alguns países, como a Holanda, produtores aparentemente criaram uma nova cepa da planta (*netherweed*) com concentrações de THC maiores que 20%, procedimento que pode alterar substancialmente as complicações provocadas pela droga num futuro muito próximo.

O mito:

Haxixe também é maconha.

A verdade

O haxixe deriva da mesma planta que a maconha, porém esta última é preparada a partir dos topos floridos secos e das folhas da planta colhida. Haxixe, ou *hash*, é a resina da planta seca e das flores comprimidas. A diferença fundamental reside no fato de o haxixe ser de cinco a dez vezes mais potente do que a maconha comum.

Há ainda uma terceira forma popular da droga: o óleo de *hash*, altamente potente e viscoso, é obtido pela extração do THC do haxixe ou da maconha com um solvente orgânico, concentrando o extrato filtrado e, às vezes, submetendo-o à futura purificação. No Brasil, a forma mais popular de consumo é mesmo a maconha usada como cigarro.

O mito:

Qualquer um reconhece a maconha.

A verdade

A maconha tem aparência marrom-esverdeada, apresenta folhas secas e é mais comumente fumada com as folhas "dichavadas" (separadas) num papel de cigarro ou *seda*. O produto final tem aspecto de cigarro e é conhecido como *baseado,* no qual algumas pessoas inserem um filtro para tornar a inalação mais fácil e menos direta. Às vezes a maconha é misturada com tabaco comum para diminuir sua potência; os usuários mantêm a fumaça da maconha nos pulmões por vários segundos, quando querem aumentar a absorção da droga.

O mito:

A maconha demora para fazer efeito.

A verdade

Cannabis na forma de maconha fumada não demora para fazer efeito e atinge seu pico após vinte minutos do início do uso, começando, a partir daí, a diminuir. O efeito da maconha dura de 5 a 12 horas, dependendo da quantidade usada.

O mito:

*Nenhum exame clínico consegue determinar
se uma pessoa fumou maconha ou não.*

A verdade

Através do exame de sangue é possível determinar se a maconha foi usada e se o uso foi recente (mas não é possível indicar com exatidão o quão recente). No caso de consumidores crônicos e diários, o organismo fica limpo do THC depois de 19 a 27 horas; nos usuários menos crônicos, de 50 a 57 horas. Atualmente existem alguns exames que podem detectar quantidades de maconha na urina. É um procedimento bastante simples, e com ele fica-se sabendo se o indivíduo usou a droga nos últimos dois dias. Este exame está sendo muito usado nos EUA.

O mito:

*A legalização da maconha
aumenta o consumo da droga.*

A verdade

Esse assunto é polêmico no mundo todo. Existem países, como a Holanda, onde a maconha é tolerada para venda até certas quantidades. Esses países são adeptos de uma política de diminuição de risco: já que há consumo, que ele seja feito então da forma mais segura. No Brasil, essas ideias começam a ser discutidas.

Um dos aspectos importantes dessa questão é se a eventual legalização, ou seja, a descriminação da maconha, levaria ao aumento de seu consumo. Existem evidências de que a legalização das drogas vem acompanhada de maior consumo e, portanto, maior risco de dependência dos usuários.

As pessoas têm a tendência de encarar a maconha como uma droga leve, no entanto ela passou a ser mais perigosa nos últimos tempos devido ao aumento de sua concentração. Nesse sentido, a sua legalização ficará cada vez mais difícil de se sustentar.

O mito:

A maconha pode ficar no organismo.

A verdade

Pesquisas mostram que o THC pode permanecer de três a cinco dias no organismo de usuários crônicos. Existem evidências de que esses usuários ficam com quantidades significativas de THC na gordura do corpo. Ainda não se sabe exatamente as consequências da acumulação e de como se dá tal processo, mas todos os usuários deveriam saber disso.

O mito:

Não há quem não tenha experimentado maconha.

A verdade

A maconha é a droga ilícita mais experimentada no Brasil: 60% dos meninos de rua usaram maconha pelo menos uma vez; por volta de 10% dos estudantes de 1º grau já experimentaram a droga; pesquisa feita com universitários da cidade de São Paulo em 1995 mostra que 26% deles já experimentaram maconha. Esses dados, no entanto, comprovam que nem todo mundo já fumou maconha.

EFEITOS DA MACONHA

Os efeitos *prazerosos* da maconha geralmente relatados são:

– sensação generalizada de relaxamento e de paz;

– os cinco sentidos parecem mais aguçados, ou seja, ocorre um aumento da sensibilidade aos aromas, aos sabores, ao toque, aos ruídos;

– qualquer coisa, por mais banal que seja, torna-se um divertimento;

– euforia;

– aumento do prazer sexual.

Incluindo os acima mencionados, os efeitos adversos agudos psicológicos e de saúde que podem ocorrer são:

– ansiedade, pânico e paranoia, especialmente em usuários menos experientes;

– diminuição das habilidades mentais, especialmente da atenção e da memória;

– diminuição da capacidade motora;

– aumento do risco de ocorrerem sintomas psicóticos entre os usuários com predisposição para tal.

Quadro 1 - Principais efeitos do uso agudo da maconha

Sistema	Efeitos
Geral	Relaxamento/euforia
	Pupilas dilatadas
	Conjuntivas avermelhadas
	Boca seca
	Aumento do apetite
	Rinite/faringite
Neurológico	Comprometimento da capacidade mental
	Percepção alterada
	Coordenação motora alterada
	Voz pastosa (mole, preguiçosa)
Cardiovascular	Aumento dos batimentos cardíacos
	Aumento da pressão arterial
Psíquico	Despersonalização
	Ansiedade/confusão
	Alucinações
	Perda da capacidade de *insights*

Os efeitos adversos crônicos psicológicos e de saúde são:

- distúrbios respiratórios como, por exemplo, bronquite, se a via de uso for a fumada;

- desenvolvimento de uma síndrome de dependência, caracterizada pela incapacidade de se abster ou controlar o uso;

- diminuição sutil das capacidades cognitivas, com ou sem possibilidade de melhora após abstinência prolongada;

- aumento do risco de diminuição do peso do bebê se a maconha for usada na gravidez.

Quadro 2 - Principais efeitos do uso crônico da maconha

Sistema	Efeitos
Geral	Fatiga crônica e letargia
	Náusea crônica
	Dor de cabeça
	Irritabilidade
Respiratório	Tosse seca
	Dor de garganta crônica
	Congestão nasal
	Piora da asma
	Infecções frequentes dos pulmões
	Bronquite crônica
Neurológico	Diminuição da coordenação motora
	Alteração da memória e da concentração
	Alteração da capacidade visual (profundidade e cor)
	Alteração do pensamento abstrato
Reprodutivo	Infertilidade
	Problemas menstruais
	Impotência
	Diminuição da libido e da satisfação sexual
Psíquico	Depressão e ansiedade
	Mudanças rápidas do humor/irritabilidade
	Ataques de pânico
	Mudanças de personalidade
	Tentativas de suicídio
Social	Isolamento social
	Afastamento do lazer e de outras atividades sociais

Alguns efeitos adversos da maconha precisam de confirmação científica, como:

- desenvolvimento de câncer no trato aerodigestivo;

- risco de leucemia em bebês de mulheres expostas à maconha durante a gravidez;

- declínio na atividade ocupacional, marcado nos adultos por dificuldades no trabalho e, nos adolescentes, por dificuldades nos estudos (*síndrome amotivacional*);

- defeitos congênitos em bebês de mulheres expostas à maconha durante a gravidez.

O mito:

Fumar maconha faz menos mal do que fumar cigarro.

A verdade

É sempre difícil comparar duas drogas. A maconha e o fumo produzem efeitos adversos e distintos em seus consumidores, mas também compartilham alguns efeitos agudos e crônicos, dentre eles os irritativos nos pulmões e os estimulantes no coração (advindos tanto da nicotina como do THC), principalmente em pessoas com algum problema prévio nesses órgãos.

No que se refere aos efeitos crônicos, tanto o cigarro como a maconha geram distúrbios respiratórios, como bronquite, e, provavelmente, câncer de pulmão, boca, esôfago e estômago. O fato de o usuário de maconha reter a fumaça por mais tempo nos pulmões do que o fumante de cigarro comum facilita o aparecimento de irritação nos órgãos e o desenvolvimento do câncer. Além disso, a maconha é geralmente fumada sem filtro e sua fumaça tem cerca de 50% mais substâncias cancerígenas, o que contribui para um maior risco de desenvolvimento de câncer. As pessoas que associam o uso do cigarro com o da maconha estão se arriscando a desenvolver problemas pulmonares graves.

Vários outros efeitos também deveriam ser considerados nessa questão. Certamente as alterações cerebrais produzidas pela maconha (THC) são mais pronunciadas do que as produzidas pela nicotina. A maconha provoca alterações significativas no eletrencefalograma e no fluxo sanguíneo cerebral. Ademais, causa alterações consideráveis de memória e de capacidade mental, além de problemas psiquiátricos que a nicotina não causa.

O mito:

A maconha faz menos mal do que o álcool.

A verdade

O uso agudo da maconha traz (pelo menos) os mesmos riscos que a intoxicação pelo álcool. Em primeiro lugar, as duas drogas produzem alteração da coordenação motora e comprometimento mental (com relação à memória e à capacidade de planejamento intelectual). Esse tipo de comprometimento aumenta as chances de ocorrerem vários tipos de acidente e acaba estimulando comportamentos de risco, como dirigir perigosamente, manter relações sexuais sem proteção, ter comportamentos antissociais etc.

Com relação ao uso crônico, tanto a maconha quanto o álcool produzem:

- *Dependência:* Caracterizada pela dificuldade de interromper e/ou controlar o uso e pelo desconforto após sua interrupção.
- *Alterações mentais significativas:* A maconha pode produzir um quadro de psicose (desorganização mental grave), precipitar doenças mentais em indivíduos predispostos

ou exacerbar sintomas mentais em indivíduos com doenças mentais já instaladas, como depressão e esquizofrenia.

- *Comprometimento do desempenho profissional:* Tanto o álcool quanto a maconha diminuem a capacidade mental de concentração e, portanto, alteram o desempenho no estudo e no trabalho.
- *Aumento da mortalidade por acidentes, suicídio e violência:* Pesquisas têm sugerido que o álcool e a maconha aumentam a probabilidade de mortes desse tipo.

O mito:

*A maconha pode deixar o usuário louco,
isto é, psicótico ou esquizofrênico.*

A verdade

Existem evidências suficientes de que a maconha produz, em usuários "pesados", uma psicose aguda (desorganização mental grave) com os seguintes sintomas: confusão mental, perda da memória, delírio, alucinações, ansiedade, agitação. Porém, não há dados que comprovem que seu uso possa gerar uma psicose crônica que perdure após o período de intoxicação. Já foi descrita uma *síndrome amotivacional* em usuários crônicos, caracterizada pelo declínio do interesse pelas atividades diárias em geral, quando o indivíduo não tem motivação para fazer nada a não ser usar a maconha. Essa síndrome ainda não é aceita por muitos cientistas.

Contrariamente, há fortes evidências de que a maconha pode precipitar o aparecimento de um quadro psicótico, como a esquizofrenia, em pessoas com predisposição para tal. Outros dados sugerem que o uso da maconha exacerba os sintomas nas pessoas que já apresentam alguma doença mental, como a esquizofrenia ou a depressão.

 *O mito:*

A maconha queima neurônios.

A verdade

Não está provado que a maconha causa danos cerebrais irreversíveis nos seres humanos. Porém, o seu uso crônico traz consequências mais sutis à atividade cerebral, como a diminuição das habilidades mentais, especialmente da capacidade de prestar atenção nos fatos e da memorização de acontecimentos mais recentes. A médio e a longo prazo, a redução dessas habilidades persiste enquanto o usuário se mantiver cronicamente intoxicado e pode ou não se reverter após o uso descontínuo da droga ou a sua abstinência por um tempo prolongado.

Quanto mais tempo a maconha for usada, mais afetadas ficarão as habilidades mentais. Esse tipo de efeito é especialmente importante entre os adolescentes, que ainda estão em fase de desenvolvimento.

O mito:

Fumar maconha durante a gravidez não é tão perigoso.

A verdade

Estudos sugerem que o uso da maconha durante a gravidez, principalmente no primeiro trimestre, provoca dificuldades de desenvolvimento fetal e nascimentos de bebês com menor peso, pois a maconha estimula o parto prematuro. Há algumas evidências de que a exposição do feto à maconha durante a gestação aumente a possibilidade de defeitos congênitos, bem como distúrbios de comportamento e desenvolvimento durante os primeiros meses depois do nascimento. Portanto, é recomendável que mulheres grávidas ou com intuito de engravidar evitem usar a maconha.

O mito:

A maconha estimula a atividade sexual.

A verdade

Pode ser que o efeito relaxante da maconha diminua a resistência dos usuários, tornando-os mais disponíveis a qualquer contato social, afetivo ou sexual, mas uma grande parte dos usuários acaba se desinteressando das atividades sexuais em função desse relaxamento e da introspecção produzida pelo uso da maconha.

Está provado que, em animais, altas doses do THC afetam o aparelho reprodutor tanto feminino como masculino, diminuindo a produção de hormônios, a motilidade e a viabilidade dos espermatozoides em machos e interferindo no ciclo ovulatório em fêmeas. O quanto isso é aplicável aos humanos ainda não foi comprovado.

O mito:

Todos os fumantes de maconha correm os mesmos riscos.

A verdade

Como afirmamos anteriormente, além das grávidas e das pessoas com algum distúrbio preexistente (desde pessoas com problemas cardíacos, respiratórios, com esquizofrenia ou dependentes de outras drogas), os adolescentes em geral correm mais risco ao usar maconha, pois estão em fase de formação de caráter e o uso da maconha pode desviar seu desenvolvimento normal. Adolescentes, em geral, já têm certa tendência às dificuldades de adaptação a uma percepção de mundo que está em constante mudança, fato que pode desencadear problemas de comportamento e de inserção, além de dificultar o aprendizado na escola. O uso da maconha pode exacerbar essas dificuldades, gerando diminuição das habilidades mentais ou piorando o desempenho naqueles indivíduos em quem essas dificuldades já existiam.

O mito:

*A maconha é o início da escalada
para o uso de outras drogas mais pesadas.*

A verdade

Há muita polêmica em relação a essa questão. O que se sabe é que um sujeito que já usou a maconha está mais propenso a experimentar as drogas ditas "pesadas" do que outro que nunca viu um cigarro de maconha. E isso não se deve aos efeitos da maconha em si, mas a algumas circunstâncias: na maioria dos casos o usuário tem contato com pessoas que consomem outras drogas e faz programas em que a maconha está sempre presente. Portanto, o ciclo de amizades, os locais que frequenta, bem como os programas, podem estimular a curiosidade em relação a outras drogas. Sabe-se também que adolescentes que começam a fumar maconha muito cedo têm mais chance de progredir para um uso crônico da droga (caindo muitas vezes na dependência) e de usar outras drogas mais pesadas.

Outro aspecto polêmico desse mito é o de se poder classificar as drogas em leves (incluindo o álcool, o cigarro e a maconha) e pesadas (a cocaína e o crack). É preciso relativizar a questão. Para um dependente, a sua droga de consumo é o seu maior problema: para um alcoólatra, por exemplo, a cocaína não é um risco, e as consequências do uso crônico do álcool são por demais severas para se considerar esta droga como leve. Quando se fala nessa classificação, devem-se levar em conta dois fatores:

1. *O poder de uma droga gerar dependência no usuário* – Considerando esse fator como preponderante, o crack seria a mais pesada das drogas, pois a maioria dos consumidores ficam dependentes num curtíssimo espaço de tempo desde a primeira fumada.

2. *As reações adversas que a droga pode gerar* – Vários aspectos devem ser levados em conta nesse fator, seja no caso do consumo da droga impura, seja no de overdose, a saber: quem usa a droga, qual droga é usada, qual a qualidade dela e em que circunstância e quantidade é consumida. Nesse sentido, fica muito difícil generalizar e categorizar as drogas entre leves e pesadas.

O mito:

A maconha gera dependência.

A verdade

A dependência é medida pela dificuldade do usuário em diminuir ou cessar o consumo da droga e pelo modo como sua falta é sentida no corpo (chamada de *sintomas de abstinência*). No caso da maconha, apesar de estar provado que o seu uso crônico não resulta em severos sintomas de abstinência, existem pessoas que os acusam.

Os principais sintomas da falta de maconha (abstinência) são: insônia, náusea, dores musculares, ansiedade, inquietação, irritabilidade, sensação de frio, suor, diarreia, falta de apetite, sensibilidade acentuada à luz, vontade intensa de usar a droga, depressão, perda de peso, tremores discretos.

Há evidências de que o uso da maconha altera o grau de tolerância à droga, isto é, com o tempo o usuário precisa ir aumentando as doses para que a droga continue a fazer efeito.

A dependência psicológica é o fenômeno mais comumente observado em usuários de maconha. Ainda que não ocorram os sintomas físicos da abstinência, a ansiedade, a depressão etc. são suficientemente fortes para que o usuário continue fazendo uso da maconha. Na sua essência, os sintomas da dependência psicológica advêm de mudanças no cérebro devido à falta da droga.

O mito:

Os efeitos indesejáveis da maconha
não precisam de primeiros socorros.

A verdade

Apesar do poder relaxante da maconha, a maioria das pessoas sente algum tipo de efeito desagradável ao fumá-la pela primeira vez. Quase sempre os usuários toleram os efeitos indesejáveis da maconha ou seus próprios companheiros de uso acabam socorrendo-os com medidas gerais de apoio, que são suficientes.

No entanto, algumas pessoas, principalmente as menos experientes com a droga, tornam-se muito ansiosas, podendo ter reações semelhantes às de um ataque de pânico. Nessas situações, elas deverão ser orientadas e asseguradas por alguém experiente, num local calmo e iluminado. Em raras ocasiões, um calmante leve, como Diazepam, Valium, Lexotan, pode ajudar.

O mito:

A maconha tem efeitos terapêuticos.

A verdade

Esse é outro ponto polêmico em relação à maconha. No século XIX, alguns derivados da *Cannabis* eram recomendados pela medicina americana para tratar gota, reumatismo, tétano, convulsões, depressões e *delirium tremens*. Existem evidências de que algumas das substâncias presentes na maconha possam agir de forma terapêutica em alguns casos:

- diminui a náusea em pacientes que fazem quimioterapia. Lembramos que existem medicações muito melhores e mais seguras que produzem esse mesmo efeito;
- estimula o apetite em aidéticos. No entanto, o fato de haver evidências de que a maconha também diminui a resposta imunológica faz com que seu uso não seja recomendado em pacientes já debilitados e com risco maior de infecção;
- é auxiliar no tratamento do glaucoma. Frisamos que existem medicações mais efetivas e seguras para esse efeito.

Seu potencial como analgésico, antiasmático, antiespasmódico, anticonvulsivante e antidepressivo ainda está em estudo, mas com poucas evidências. A pesquisa sobre o uso da maconha de forma terapêutica não tem sido estimulada, já que o THC (componente da *Cannabis* de maior potencial terapêutico) é também aquele que gera os efeitos psicoativos nos usuários esporádicos (não dependentes).

As tentativas de separar os efeitos colaterais indesejáveis da droga dos seus efeitos terapêuticos têm-se mostrado frustrantes. Além disso, não existem evidências suficientes de que o uso da maconha como medicamento seja útil, especialmente quando comparado aos medicamentos já existentes.

O mito:

É perigoso misturar maconha com outras drogas.

A verdade

Os riscos ligados à mistura da maconha com outras drogas dependerão do "coquetel" usado. Logicamente o perigo aumenta na medida em que as doses também aumentam e os períodos de intoxicação se tornam mais prolongados. Há evidências de que o uso associado do álcool e da maconha, por exemplo, aumenta a incidência de acidentes de carro (a diminuição da capacidade motora se acentua pela associação das duas drogas).

O mito:

A maconha pode matar.

A verdade

Na literatura médica não existem casos de morte por overdose de maconha e tampouco por seu uso isolado, isto porque o usuário deveria fumar muito até chegar a uma dose letal. Portanto, o uso agudo da maconha não mata *diretamente*. Os casos descritos de morte por intoxicação são devidos a acidentes decorrentes da desorganização mental produzida pela maconha.

COCAÍNA E CRACK

As folhas de coca são usadas na Bolívia, Peru, Equador e Colômbia há mais de 2.000 anos. Mas, desde o primeiro contato entre os nativos das populações précolombianas e os invasores espanhóis, o uso da cocaína passou por reformulações constantes quanto ao seu papel social.

Para a Inquisição espanhola, a cocaína estava associada ao pecado, mas, posteriormente, o fato de ela estimular os camponeses a trabalhar mais serviu para mudar tal concepção e seu uso passou a ser associado à tradição indígena.

O interesse pela cocaína na história mais recente começou com seu isolamento químico, em 1882, feito por um alemão chamado Albert Newman. A partir de sua purificação, usar a cocaína ficou mais fácil e ela passou a ser prescrita com fins médicos; vários autores no final do século XIX já ressaltavam uma série de efeitos benéficos da substância.

Freud, por exemplo, descreveu os efeitos anestésicos locais da cocaína, que acabou sendo empregada com sucesso em cirurgias oculares durante muitos anos. Além disso, Freud também experimentou ele mesmo a droga e surpreendeu-se com seus efeitos agradáveis e tonificantes. Considerava que a cocaína poderia ser útil como estimulante e afrodisíaco, e no tratamento da depressão, do alcoolismo, da dependência de morfina e da asma. Não ficou comprovado cientificamente que esses quadros melhorassem com a cocaína, e Freud foi acusado por muitos médicos de irresponsável. No final do século XIX, nos EUA, o uso da cocaína tornouse bastante popular, e algumas bebidas, como o Vin Mariani e a

Coca-Cola, apresentaram concentrações razoáveis da substância por vários anos.

Com o seu consumo mais difundido no começo do século XX, a literatura médica passou a descrever uma enorme variedade de complicações relacionadas ao uso da cocaína, dentre elas os problemas mentais, a dependência e a morte. Baseando-se nessas evidências médicas e numa série de preocupações sociais, vários países, em especial os EUA, aprovaram leis proibindo seu uso. Mas, progressivamente, esses cuidados foram diminuindo até quase desaparecer. Nos países andinos, no entanto, mascar folhas de coca continua fazendo parte dos costumes locais.

A partir da década de 60, a cocaína passou a ser usada pelas elites econômicas e sociais. Dez anos depois, ainda se pensava que a cocaína era uma droga muito segura e usada somente por uma minoria. Nos anos 80 o cenário começou a mudar, graças ao aumento da oferta da cocaína decorrente do incremento da produção e da distribuição dirigida pelos cartéis de traficantes.

É importante lembrar que esse número ampliou-se ainda mais quando a cocaína, além de inalada, passou a ser também injetada e fumada na forma de crack.

O mito:

Cocaína é diferente de crack.

A verdade

O crack nada mais é do que a cocaína em pó, adicionada de água e bicarbonato de sódio. Essa mistura é aquecida até a água evaporar, e o produto final consiste em pedras de cocaína. O nome "crack" vem de uma palavra inglesa que descreve o som produzido durante o processo de aquecimento da droga na hora de fumar.

O crack surgiu nos EUA no final da década de 80 como uma forma de cocaína que pode ser fumada. É impossível fumar a cocaína em pó, pois ela desmancha e não vira fumaça. O crack geralmente é colocado num tipo de cachimbo caseiro que precisa ser aquecido (com fósforo ou isqueiro).

A cocaína em pó parece farinha (aliás, "farinha" é uma das gírias pela qual a cocaína é conhecida), um pó branco e cristalino. O crack parece uma pedra de açúcar, com a coloração variando do branco ao marrom.

O mito:

A cocaína só pode ser cheirada.
E o crack, fumado.

A verdade

Em nosso meio, cheirar o pó da cocaína é a forma mais comum de uso. Normalmente o pó é colocado numa superfície plana e lisa (por exemplo, um espelho ou mesa), espalhado e juntado com uma gilete, e então é feita uma carreira do pó. Em seguida, esse pó é aspirado com a ajuda de algum canudinho ou diretamente com o nariz. Outra alternativa é esfregar o pó nas gengivas.

A partir de 1985, injetar a cocaína com seringa passou a ser uma prática frequente. Primeiro o usuário mistura a droga com água e aquece até dissolvê-la, depois a injeta diretamente na veia do braço. Uma das complicações graves desse tipo de uso é o alto risco de transmissão do vírus da AIDS.

Desde 1990 uma mudança no comportamento dos usuários e dos próprios traficantes do estado de São Paulo vem-se firmando: o predomínio da cocaína fumada. O crack passou também a ser fumado em cigarros de maconha (chamado de *mesclado*) ou em cachimbos caseiros (feitos de latas de refrigerante, garrafas plásticas etc.).

O mito:

> *Cocaína ou crack em altas doses têm efeitos parecidos.*

A verdade

Altas doses de cocaína ou crack podem produzir alguns tipos de movimentos repetitivos (por exemplo, coçar o nariz compulsivamente, olhar de lado etc.), irritabilidade intensa, violência, inquietação, medo excessivo, que pode transformar-se na sensação de estar sendo perseguido (essa sensação pode ser tão intensa a ponto de ser confundida com uma doença psiquiátrica muito grave chamada esquizofrenia), e aumento da temperatura do corpo com febres de mais de 39°C. Podem ocorrer ainda convulsões semelhantes à epilepsia, e as arritmias cardíacas (sensação de que o coração está batendo irregularmente) são bastante comuns, sendo uma das causas mais frequentes de desconforto após o uso da cocaína.

Quando os efeitos de intensa excitação ocorrem, eles podem ser seguidos de depressão. O efeito rebote pode ocorrer mesmo com doses baixas de cocaína.

O mito:

> *Os primeiros efeitos da cocaína são sempre bons.*

A verdade

A cocaína é o que se chama de droga estimulante e o seu primeiro efeito é causar um estado de excitação acentuado. O usuário fica eufórico, desinibido, alerta ou "elétrico" e tem uma sensação de bem-estar. A autoestima e o desejo sexual podem aumentar, a pessoa fala muito e o apetite diminui.

Outros efeitos prováveis são: falta de sono, agressividade, irritabilidade, inquietação, dificuldade de tomar decisões. Há também uma sensação de anestesia, principalmente nas regiões onde houve contato com a droga (se a pessoa cheirou, o nariz fica adormecido).

Do ponto de vista físico, ocorre um aumento dos batimentos cardíacos, do tamanho das pupilas, da pressão arterial, da respiração e da sudorese. Podem ocorrer ainda náuseas, vômitos e até alucinações.

Todos esses efeitos, tanto os "bons" quanto os ruins, são bastante intensificados pelo uso endovenoso (a droga injetada) ou pelo uso do crack.

No caso do crack, além dos aspectos já citados, o usuário tem sua coordenação motora reduzida, e a tendência ao isolamento se acentua, diferentemente da maior sociabilidade gerada pela cocaína inalada.

 O mito:

*A cocaína e o crack mudam
o comportamento dos usuários.*

A verdade

Afora os efeitos já assinalados, podem ocorrer mudanças na personalidade dos usuários, em especial nos que consomem a droga diariamente. Sentem-se pressionados a consumir a droga e não se importam com o que deveriam estar fazendo; passam a ficar com segredos, a faltar a compromissos e a mentir; começam a gastar dinheiro muito mais do que antes e podem passar a vender objetos pessoais ou da família para conseguir comprar a droga. Subsequentemente podem passar a roubar e a assaltar para o mesmo fim.

É notável que a diminuição do cuidado consigo mesmo e a perda dos valores morais e sociais ocorrem muito mais rápido com os consumidores de crack, possivelmente devido à capacidade de esta droga provocar dependência mais rapidamente.

O mito:

A cocaína e o crack aumentam o poder
de concentração e o prazer sexual.

A verdade

O usuário da cocaína sente que está no topo do mundo e que pode tudo, entretanto a sua concentração e atenção diminuem. Se alguém, sob o efeito da cocaína, tentar ler um livro ou precisar tomar decisões complexas, não conseguirá, pois a sua capacidade de organizar as informações, memorizar e decidir estará comprometida. Além disso, logo depois de o efeito da droga passar, ele sentirá mais ansiedade, cansaço e depressão do que antes do seu uso.

Em relação ao prazer sexual, há o mito de que a cocaína, por ser uma droga estimulante, aumenta o prazer sexual. Na verdade, nossa experiência comprova que a maior parte dos usuários deixam de lado o sexo e se dedicam quase que exclusivamente à busca do prazer momentâneo produzido pela droga. Muitos pacientes em tratamento relatam que não mantêm relações sexuais há muito tempo.

No caso do crack, em particular, a diminuição do convívio social leva a uma consequente diminuição do interesse sexual.

 O mito:

A cocaína e o crack comprados na rua são sempre puros.

A verdade

A cor branca da cocaína é bastante enganosa. O grau de impureza encontrado na droga comprada é muito grande. Em relação ao pó da cocaína, a pureza pode variar de 30 a 90%, pois a maioria dos traficantes em geral adicionam uma série de substâncias, como farinha, talco, pó de vidro, açúcar, lactose, ou uma série de medicamentos que se parecem muito com o pó. Essas impurezas aumentam ainda mais o risco de se usar uma droga que por si só já é bastante perigosa. No caso do crack, dizem os usuários que muitas vezes é possível reconhecer a pureza da droga pela cor e pelo cheiro.

EFEITOS DA COCAÍNA E DO CRACK

A consequência mais drástica do uso da cocaína é a morte. Nos EUA, mais de 4.000 pessoas morrem por ano de overdose de cocaína (não dispomos dos dados referentes ao Brasil). Em um estudo conduzido pela Unidade de Pesquisas em Álcool e Drogas (UNIAD), da Escola Paulista de Medicina (SP), dos 103 primeiros usuários de crack que foram internados no Hospital de Taipas da Secretaria da Saúde de São Paulo, treze haviam morrido após um período de dois anos, revelando uma mortalidade muito alta. Dessas treze mortes, somente uma delas foi decorrente de overdose, sete foram por mortes violentas e cinco por AIDS.

Portanto, se de um lado os usuários de cocaína ou crack podem morrer pela ação direta da droga (overdose), de outro, indiretamente, eles morrem por complicações sociais decorrentes (vingança de traficantes, ação policial etc.), por agravamentos de saúde, como desnutrição e até infecções (o usuário deixa de comer e de manter hábitos de higiene), e por acidentes (o usuário perde a coordenação motora e a noção de realidade). Ademais, sob o efeito da droga, alguns usuários tornam-se promíscuos e acabam fazendo sexo sem proteção; outros descuidadamente injetam drogas com seringas e agulhas contaminadas. A AIDS é o resultado dessa falta de cuidado.

A cocaína e o crack realmente podem levar à morte um número significativo de usuários. É importante salientar que a overdose pode ocorrer com qualquer forma de uso da cocaína – aspirada, injetada ou fumada. Muitas vezes a overdose ocorre em pessoas que se esquecem de que já estão sem usar a droga há algum tempo e acabam consumindo doses acima de sua atual tolerância. Veja a seguir os efeitos agudos e crônicos do uso da cocaína e do crack.

Quadro 3 - Principais efeitos do uso agudo da cocaína e do crack

Sistema	Efeitos
Geral: psicológico	Euforia Sensação de bem-estar Estimulação mental e motora (o famoso "ficar ligado" da cocaína) Aumento da autoestima Diminuição do apetite sexual Agressividade Irritabilidade Inquietação Sensação de anestesia
Geral: físico	Aumento do tamanho das pupilas Sudorese Diminuição do apetite Diminuição de irrigação sanguínea nos órgãos
Neurológico	Tiques Coordenação motora diminuída Derrame cerebral Convulsão Dor de cabeça Desmaio Tontura Tremores Tinido no ouvido Visão embaçada
Psíquico	Desconfiança e sentimento de perseguição (a famosa "noia") Depressão (efeito rebote da intensa excitação)
Cardiovascular	Aumento dos batimentos cardíacos Batimento cardíaco irregular Aumento da pressão arterial Ataque cardíaco
Social	Isolamento Falar muito Desinibição
Respiratório	Parada respiratória, tosse

Quadro 4 - Principais efeitos do uso crônico da cocaína e do crack

Sistema	Efeitos
Geral: psicológico	Irritabilidade Agressividade Inquietação Irresponsabilidade Mentiras Aumento dos segredos Diminuição do cuidado consigo (falta de higiene pessoal) Perda de valores morais e sociais Diminuição do apetite sexual
Geral: físico	Insônia Infecções (devido ao uso da cocaína injetável), entre elas AIDS, hepatites etc. Coriza (nariz escorrendo – devido ao uso da cocaína cheirada) Perfuração do septo nasal (cartilagem do nariz – devido ao uso da cocaína cheirada) Sinusite Diminuição do apetite Perda de peso Diminuição de irrigação sanguínea nos órgãos
Neurológico	Dor de cabeça Tontura Visão embaçada Tinido no ouvido Tremores Atenção diminuída Falta de concentração Convulsão Derrame cerebral
Respiratório	Tosse Infecções pulmonares
Psíquico	Depressão Ansiedade Psicose Estados confusionais
Nutricional	Diminuição da vitamina B6 Desnutrição
Cardiovascular	Infarto Cardiopatia (doença do coração) Batimento cardíaco irregular
Ginecológico/ /Obstétrico: na mãe	Placenta prévia Aborto espontâneo
Ginecológico/ /Obstétrico: no feto	Baixo peso fetal Sofrimento fetal Nascimento prematuro

O mito:

A cocaína e o crack afetam o sistema nervoso.

A verdade

A cocaína e o crack produzem uma alteração geral no sistema nervoso, mas também provocam alguns problemas mais específicos, como dor de cabeça, tremores, tonturas, desmaios, visão embaçada, tinido no ouvido. Dois problemas merecem destaque especial: os derrames (Acidentes Vasculares Cerebrais ou AVC) e as convulsões.

Pesquisas dos EUA mostram que o derrame está aumentando entre jovens de 20 a 30 anos, usuários de cocaína. O mais preocupante é que mesmo as baixas doses podem provocá-lo, independentemente da via de administração da droga. O derrame pode ser identificado pela dor de cabeça, paralisia de um lado do corpo, confusão mental e convulsões.

As convulsões, ataques semelhantes aos que ocorrem nos epilépticos, são observadas principalmente entre os usuários de crack.

O mito:

*A cocaína pode causar desnutrição
e falta de vitaminas.*

A verdade

Uma das características mais marcantes da cocaína é sua capacidade de diminuir sensivelmente o apetite e causar perda de peso no usuário. Se inicialmente a perda de peso é até bem-vinda, progressivamente se transforma num grande problema, pois a pessoa pode ficar dias e dias sem comer, o que a levará a quadros de desnutrição, anemia e outros distúrbios metabólicos. Sem contar que a perda de peso é sempre acompanhada de carência de vitaminas, principalmente vitamina B6 (piridoxina).

O mito:

A cocaína e o crack nunca afetam o coração.

A verdade

A morte por problemas cardíacos é uma das principais causas da overdose, mais comum até que as causas neurológicas:

- *Ataque cardíaco (infarto do miocárdio):* Ocorre quando o músculo do coração não recebe oxigênio suficiente e não consegue continuar mandando sangue para o corpo. Os sintomas mais comuns são dores no peito e dificuldade de respirar, embora nem sempre esses sinais signifiquem um ataque do coração. Este pode ser causado pelo aumento dos batimentos cardíacos, arritmias, pelo aumento da pressão arterial e da demanda de oxigênio pelo coração ou pelo estreitamento das artérias que suprem o coração (coronárias). É importante salientar que um indivíduo não precisa ter uma doença cardíaca para sofrer um ataque cardíaco, muito embora pessoas com doenças ou que tenham mais de 35 anos fiquem especialmente predispostas a esse tipo de problema.

- *Arritmia cardíaca:* Como a cocaína aumenta o número de batimentos cardíacos, o ritmo do coração pode ficar perturbado e irregular. Aliás, sentir o coração bater descompassadamente é um dos sintomas desagradáveis mais comuns relatados pelos usuários. Essa condição pode evoluir para quadros mais graves chamados de fibrilação ventricular (batimentos irregulares e fracos do coração) e de taquicardia ventricular (batimentos extremamente rápidos e regulares do coração). Ambas as condições podem ser fatais.

Além dessas causas fatais, o coração do usuário de cocaína trabalha mais do que o normal e a diminuição do oxigênio pode levar a um quadro chamado de cardiomiopatia. A cocaína também tem sido relacionada com uma intoxicação específica do músculo cardíaco que diminuiria a função da parte esquerda do miocárdio. A miocardite aguda é especialmente observada em usuários de crack. Paradas respiratórias podem ocorrer como consequência da overdose de cocaína, independentemente da via usada.

O mito:

*É possível determinar doses seguras
de cocaína ou crack.*

A verdade

Os efeitos indesejáveis do uso da cocaína e do crack não ocorrem somente com grandes doses ou quando a droga é usada por via endovenosa; mesmo doses pequenas e usadas por via nasal podem provocar as consequências já descritas. Além disso, usuários que consomem cocaína há algum tempo não estão protegidos dessas complicações. Isso porque a tolerância à droga varia muito de pessoa para pessoa; até a sensibilidade de um indivíduo pode mudar ao longo do tempo, e uma dose considerada "segura" pode tornar-se letal após alguns meses.

Portanto podemos afirmar que não existe dose segura para os usuários de cocaína, o seu uso sempre implicará um risco substancial para a saúde.

O mito:

> *O uso da cocaína injetada
> não traz complicações específicas.*

A verdade

O que acontece quando alguém injeta cocaína? Muitas vezes a pessoa utiliza uma seringa limpa, mas não a descarta, servindo-se dela várias vezes. Mesmo que a pessoa limpe a seringa com água da torneira, esta não é estéril e não mata os germes. Do mesmo modo, a cocaína injetada também está longe de ser limpa – já passou pelas mãos de várias pessoas até ficar suja e contaminada com germes, pó e outras substâncias adulterantes. Além disso, alguns usuários que injetam drogas compartilham as mesmas seringas.

Por tudo isso é evidente que o risco de infecção por cocaína injetada é muito alto. Infecções na pele, no sangue, nas válvulas do coração, nos pulmões e em outras partes do corpo; hepatite e AIDS são exemplos da gravidade dos efeitos da droga injetável.

O mito:

> *O uso da cocaína inalada
> não traz complicações específicas.*

A verdade

Com o passar do tempo, cheirar cocaína afeta o nariz. A divisão feita de pele e cartilagem que existe entre as narinas pode ser destruída, e o uso prolongado da droga causa um tipo de inflamação nasal, ficando o usuário com coriza (fungando) e com a sensação de nariz entupido.

O mito:

*O uso do crack não traz
complicações específicas.*

A verdade

A pessoa que fuma crack geralmente usa um tipo de cachimbo caseiro, feito de vidro ou plástico, e tem de aquecê-lo com isqueiro ou fósforo.

Muitos usuários acabam queimando os dedos e os lábios nesse processo. A fumaça do crack entra quente pela boca e pode até queimar as paredes dos pulmões, causando inflamação e, por conseguinte, uma tosse crônica.

Uma overdose de crack pode acelerar os batimentos do coração e até causar uma parada cardíaca, desmaios e convulsões epilépticas.

O mito:

A cocaína não dá ressaca.

A verdade

As pessoas estão acostumadas a ouvir que *o dia seguinte* a um de uso intenso de álcool constitui-se de uma série de sintomas físicos, conhecidos como ressaca. No entanto, às vezes se surpreendem quando são alertadas sobre *o dia seguinte* ao uso de cocaína.

Após passar o efeito da droga, o cérebro não volta ao seu normal imediatamente. O dia seguinte ao uso da cocaína constitui-se de depressão, desânimo, irritabilidade, insatisfação, baixo poder de concentração, fome etc. E quanto mais cocaína for usada, maior será a "ressaca" no dia seguinte. À medida que as "ressacas" ficam cada vez mais frequentes, a pessoa tende a usar cocaína sem intervalos, procurando aliviar esses sintomas negativos. É a partir daí que as chances de dependência ficam cada vez maiores.

O mito:

*Vício, toxicomania, drogadição, uso nocivo
e dependência são palavras diferentes
para designar o mesmo problema.*

A verdade

O uso da droga costuma provocar um misto de raiva, julgamento moral e incredulidade na maior parte das pessoas que não são dependentes. Quando utilizam a palavra vício, por exemplo, fazem na maior parte das vezes certo julgamento moral do usuário das drogas, sem, no entanto, designarem uma condição clínica que possa ser tratada.

As palavras toxicomania e drogadição, embora ao longo da história médica tenham tido algum pressuposto teórico, já foram oficialmente abandonadas. Atualmente a expressão recomendada é *síndrome de dependência,* para designar o fato de alguém estar dependente de uma droga, e *uso nocivo,* quando não houver dependência mas assim mesmo existir algum tipo de dano causado pela droga.

Em se tratando de cocaína e de crack, essas distinções são importantes. No caso do álcool, por exemplo, podemos dizer que existe uma quantidade de álcool que pode ser consumida sem lesar o organismo de quem bebe, mas isso não ocorre com a cocaína (leia também *O Alcoolismo*, da mesma Coleção). Pode-se dizer que qualquer uso da cocaína já é nocivo, mesmo quando a pessoa está somente "experimentando" o pó. Repetimos: não existe dose segura de cocaína.

Em relação à dependência, alguns critérios são adotados para identificar a condição do usuário. Em primeiro lugar, deve-se enfatizar que dependência de uma droga é uma série de comportamentos que ocorrem ao longo de um período de tempo.

O diagnóstico de dependência deve ser feito se três ou mais dos seguintes critérios ocorrerem durante um ano de observação e análise:

1. Desejo forte ou sensação de compulsão para consumir a cocaína/crack.

2. Dificuldades de controlar o uso da cocaína/crack em termos de início, término ou níveis de consumo.

3. Estado de abstinência quando o uso da droga cessou ou foi reduzido.

4. Evidência de tolerância, de tal forma que doses crescentes de cocaína/crack são requeridas para alcançar efeitos originalmente produzidos por doses bem mais baixas.

5. Abandono progressivo de prazeres ou interesses alternativos em favor do uso da cocaína/crack.

6. Aumento da quantidade de tempo necessário para obter ou usar cocaína/crack ou recuperar-se dos seus efeitos.

7. Persistência do uso, a despeito de evidências claras de consequências manifestadamente nocivas, tais como dano físico, estados depressivos etc.

 *O mito:*

Drogas e AIDS andam sempre juntas.

A verdade

O vírus que causa a AIDS (HIV) pode ser contraído de três maneiras:
- sexo sem proteção (sem camisinha);
- sangue infectado, por doação de sangue ou pelo compartilhamento de seringas;
- grávida infectada pode transmitir o vírus ao bebê.

Usuários de drogas podem contrair o vírus da AIDS se partilharem seringas com usuários infectados e se mantiverem relações sexuais sem camisinha com pessoas infectadas. A necessidade de dinheiro para comprar a droga pode até levar o usuário a se prostituir, aumentando os riscos da AIDS.

É importante lembrar que o teste de HIV pode ser feito num posto de saúde ou num hospital que tenham um ambulatório especializado em tratar doenças infecciosas ou sexualmente transmissíveis.

O mito:

Parar de usar cocaína/crack não é um bicho de sete cabeças.

A verdade

Após o uso crônico da cocaína e com o desenvolvimento da dependência, o sistema nervoso fica num estado de excitação constante. Quando a pessoa para de usar a droga, alguns sintomas aparecem como uma reação rebote, conhecida por sintomas de abstinência da cocaína. Esses sintomas têm três fases:

Fase 1

Duração de um a três dias após a parada do uso. Caracteriza-se por depressão, ansiedade, irritabilidade, falta de prazer, fome e vontade de usar mais cocaína. Gradualmente, o desejo pela cocaína diminui e a vontade de dormir fica mais intensa.

Fase 2

Duração de uma a dez semanas. O desejo intenso pela cocaína se mantém, com irritabilidade, ansiedade e falta de prazer. Progressivamente a memória dos efeitos negativos da cocaína começa a desaparecer e o desejo de uso tende a ficar mais forte, sobretudo quando o paciente passa a frequentar de novo locais onde usava a droga. O paciente contrasta a falta de prazer que experimenta no momento com o prazer que obtinha usando a droga; essa é uma situação de risco para a recaída.

Fase 3

Duração de vários meses. Pode permanecer certo desejo pelo uso da droga, mas muito mais leve; alguns sintomas depressivos também podem durar alguns meses. É importante notar que nenhum desses sintomas é fatal, obviamente causam desconforto e são fatores de risco para a recaída, mas de forma nenhuma ameaçam a segurança do paciente. Existem algumas drogas que diminuem a intensidade desses sintomas, como veremos mais adiante. O mais importante é o paciente reconhecer esses sintomas, saber seu significado e se tornar consciente dos riscos da recaída pelo desconforto. Um dos sintomas mais traiçoeiros da abstinência é a vontade de usar a droga novamente.

Quando um paciente está em tratamento, ele deve aprender a recuperar a capacidade de controle para não usar a droga. Portanto, após a interrupção do uso, é inevitável que o paciente passe por recaídas. O que ele tem de saber é que a vontade de usar a droga virá na forma de picos, com duração de alguns minutos, e que, se ele não resistir, ocorrerá uma perpetuação da dependência.

O paciente pode adotar várias estratégias para facilitar a resistência: manter-se ocupado em alguma atividade, procurar pensar em outra coisa, telefonar ou falar com algum amigo que possa entender seu problema, tomar um banho gelado, ler um livro, participar de grupos de autoajuda etc. Nessa fase de recuperação, o grande desafio para o paciente é perceber que ele não perdeu totalmente o controle, mas que deveria trabalhar a sua criatividade e a sua motivação no sentido de buscar alternativas viáveis em relação ao consumo de drogas.

FAMÍLIA

Estimular o diálogo é a forma mais fácil de saber se um filho está usando alguma droga ou não. No caso da maconha, algumas situações podem ser sugestivas: a pessoa, quando intoxicada, torna-se mais lenta para atividades motoras e intelectuais. Os olhos ficam vermelhos, o apetite é grande, assim como a sede. A pessoa fica disponível para longas conversas e tende a relaxar. O sono aumenta. A médio prazo, começa a agir de forma diferente, mudando sua rotina e até deixando de cumprir suas responsabilidades (por exemplo, não conseguindo acordar para os compromissos). Começa a ter dificuldades de concentrar-se e se esquece das coisas com mais facilidade. Tende a perder o interesse pelo que habitualmente o atraía.

De um modo geral, as mudanças físicas e comportamentais são evidentes. O quadro dos efeitos da maconha anteriormente apresentado serve também como referência.

Pode ainda acontecer de os pais descobrirem algum material "suspeito" entre as coisas do filho (por exemplo, a droga em si, um baseado, a seda etc.). É importante lembrar que procurar indícios em objetos pessoais pode gerar um clima de desconfiança e revolta que dificulta ainda mais o diálogo entre pais e filhos.

No caso da cocaína e do crack, que têm efeitos estimulantes, a pessoa tenderá a alternar períodos em que fica muito ativa e irritada com períodos de desânimo e apatia. No período de maior atividade ela não dorme, não come e tende a ficar andando e ausentando-se de casa. No período de desânimo a pessoa pode passar muitas horas na cama e, quando acorda, não tem vontade de fazer nada e mesmo sua higiene pessoal fica comprometida. Os principais sintomas de uso da cocaína e do crack, descritos anteriormente, ajudam na identificação dos efeitos físicos e de comportamento.

É importante frisar que comportamentos isolados podem muito bem estar ligados ao desenvolvimento normal da adolescência, como certo desânimo, certa irresponsabilidade etc. Mas quando dinheiro e alguns objetos da casa começam a desaparecer, se seu filho fica muito na rua sem avisar onde está, se seus amigos mudaram substancialmente e se ele fica por demais cheio de segredos – neste momento parece muito grande a possibilidade de envolvimento com alguma droga.

O mito:

Se uma pessoa fuma um baseado,
isto significa que ela é viciada.

A verdade

Não se fica viciado fumando um cigarro de maconha. O mesmo se aplica para outras drogas. Porém, constatando o uso, é importante que os pais abram espaço para o diálogo com o filho, estimulando-o a falar e até a compartilhar a experiência que, muitas vezes, é bastante impactante: é necessário dar espaço para o filho contar sua experiência, sem puni-lo.

É fato que usar maconha uma ou algumas vezes não gera danos, mas deve-se ter em mente tal experiência para evitar que o consumo se torne regular e comece a afetar outras atividades do indivíduo. A família deve buscar uma resposta balanceada. Por um lado mostrar desaprovação clara e indiscutível, por outro apresentar disposição para o diálogo. Não é um balanço fácil de ser conseguido, mas deve-se buscá-lo. Lembramos que uma atitude condescendente em relação à maconha facilitará o uso crônico com maior probabilidade de desenvolvimento de dependência e de todos os problemas que possam advir daí no desenvolvimento do adolescente.

O mito:

*Os usuários de drogas só procuram
a sensação de prazer.*

A verdade

Não há uma resposta simples. Existem muitas razões por que as pessoas usam drogas. Fatores que podem ser importantes incluem: a disponibilidade de drogas no bairro, o preço das drogas em relação à renda da pessoa, as atitudes dos amigos (pressão social) e da família diante do uso de drogas, o desejo de buscar experiências novas e excitantes e até a simples curiosidade.

As pessoas que usam a maconha continuamente em geral buscam uma forma de intensificar o nível de prazer. Outras, por se sentirem relaxadas sob os efeitos da maconha, procuram uma forma de tornar o convívio social mais fácil. E há ainda aqueles que fumam para fugir da realidade, das responsabilidades e dos problemas. É verdade também que muitas vezes a pessoa começa a usar drogas por curiosidade, ou porque alguém lhe ofereceu, e acaba ficando dependente.

O mito:

*A família tem sua parcela de culpa no fato de ter
um usuário de drogas dentro de casa.*

A verdade

Quando os pais descobrem que o próprio filho está usando droga, a primeira coisa que fazem é perguntar-se: "O que nós fizemos de errado?". Depois se lembram de todas as brigas que tiveram com o filho e de todas as vezes em que foram muito duros ou pouco enérgicos com ele. É bom que os pais não se esqueçam de que em toda família há brigas, que em toda família há falhas (família perfeita não existe nem nas novelas!). Há usuários de drogas em famílias estáveis e em famílias desorganizadas, em famílias da classe média alta e em outras mais carentes.

Se os próprios pais abusam da bebida ou de alguma droga, a chance de que os filhos venham também a usá-las é maior, mas isso está longe de ser uma certeza. A maioria dos usuários de drogas vem de famílias cujos pais não fazem uso de nenhuma droga.

Mas, em vez de se culparem ou ficarem deprimidos, os pais devem pensar no que podem fazer para ajudar o filho.

O mito:

A família deve ser sempre a primeira
a ajudar o usuário de drogas.

A verdade

"Você acha que seu filho já usou drogas?" Se alguém fizesse essa pergunta para um grupo de pais, a maioria responderia: "De jeito nenhum, imagine, meu filho drogado!". Muitos pais nem cogitam a hipótese de seus filhos estarem usando drogas, mesmo que haja evidências disso (eles sempre encontram outra explicação).

Mas um dia começam a desconfiar e chegam até a perguntar ao filho, que obviamente nega. Os pais acreditam ou, pelo menos, querem acreditar no que ouvem. O tempo passa e um dia descobrem a verdade. A primeira reação é de choque, seguido de raiva. Depois vem o medo (medo de que o filho morra ou seja assassinado ou preso, medo de que todo mundo fique sabendo). Nessa confusão de sentimentos, muitas vezes a família começa a se desentender. Mas o que fazer numa situação dessas?

Muitos pensamentos passam pela cabeça dos pais – dar uma boa bronca no filho, trancá-lo no quarto, expulsá-lo de casa ou interná-lo numa clínica. Mas o que realmente vai ajudá-lo? Primeiro é preciso que uma pessoa mais controlada e que se relacione bem com o filho converse com ele, mostrando simplesmente que está querendo entendê-lo e ajudá-lo. Depois, deve-se tentar convencê-lo a buscar ajuda profissional, um médico, psicólogo ou assistente social.

Nesse estágio, pode ser que ele responda dizendo que não precisa de ajuda, que o problema não é tão grave e que ele vai conseguir parar de usar as drogas sozinho (não aceite essa resposta e insista, porque muitos usuários passam pela fase de subestimar o grau de severidade das drogas, não querem enfrentar a realidade e ao mesmo tempo superestimam a própria capacidade de lidar com o problema). De qualquer forma, a influência da família tem limite e deve-se sempre ter em conta o desejo do usuário, pois se este se sentir forçado a agir só "pelos outros" o tratamento não terá resultados positivos.

O mito:

O usuário de drogas deve ser tratado com rigor.

A verdade

"Se você não parar de usar drogas, eu vou expulsá-la de casa!" "Se você não fizer tratamento, eu vou deixá-lo!" Muitos profissionais já ouviram pacientes relatando as ameaças que sofreram dos pais, das esposas ou de outros parentes. Qual pai realmente teria coragem de expulsar seu filho de casa nessas condições?

O que parece claro é que os pais têm de impor limites. Eles são responsáveis pela educação dos filhos, e estes, enquanto morarem na casa dos pais, têm de obedecer às regras da família. Sem contar que a droga pode matar e causar transtornos de toda ordem. É preciso conversar com o filho, mas deixar bem claro o que se quer que ele faça.

Infelizmente há filhos que não obedecem aos pais e há pais que não conseguem convencer os filhos. Também é preciso ter em mente que a cocaína e o crack são drogas poderosas que tornam as pessoas dependentes. Mesmo que o filho não queira magoar seus pais, muitas vezes a droga é mais forte do que ele; apesar de sua intenção de cooperar, ele acaba usando-a de novo. A dependência pode continuar por muitos anos e as recaídas são comuns.

Não há uma solução simples ou única, cada família tem de achar seu próprio caminho. E esse caminho tem limites. O usuário, ele mesmo, deve chegar à conclusão de que não deve mais usar a droga, e não simplesmente concordar com o que ouve. De qualquer maneira, a família deve agir numa só voz, impondo limites, ajudando-o e encorajando-o, mas também deve estar ciente de que o usuário é um ser independente que tem responsabilidades sobre seus próprios atos.

O mito:

*É muito simples ajudar
um dependente de drogas.*

A verdade

O ideal é que o usuário admita que está usando a droga e concorde em buscar ajuda. Só então se deve marcar a consulta em uma clínica que preste serviço de atendimento a usuários de drogas.

O mais comum é o usuário admitir sua condição de dependente, mas não aceitar nenhum tipo de tratamento por achar que pode recuperar-se sozinho. Nesse caso, convém a família ignorar seus protestos e marcar a consulta mesmo contra sua vontade. Além de ter preconceitos em relação ao tratamento, muitas vezes o usuário chega a negar a gravidade do problema; só depois de entrar em contato com um serviço de atendimento o paciente descobre que o terapeuta não vai ficar-lhe dando bronca o tempo todo, ao contrário, vai simplesmente ajudá-lo e entendê-lo.

Se os familiares não conseguirem levar o usuário a uma clínica, vale a pena os próprios pais se dirigirem ao serviço de atendimento em busca de orientação e ajuda. Muitos serviços têm grupos de apoio para pais e outros parentes de usuários.

Se não há um serviço público no seu bairro e se a família não tem dinheiro para marcar uma consulta particular, outra opção é participar das reuniões da Nar-Anon – uma organização de parentes de alcoólatras e usuários de drogas que oferece autoajuda gratuitamente. Nessas reuniões as pessoas falam sobre suas próprias experiências e de como lidaram com as drogas. É uma boa saída para diminuir o peso do problema e para a família entrar em contato com alternativas de solução, que talvez possam fazer diferença na recuperação do usuário.

O mito:

Os pais sempre exercem
uma influência limitada sobre os filhos.

A verdade

Os pais só poderão ajudar o filho a parar com as drogas se este estiver permeável à influência familiar. A pior coisa que pode acontecer é os pais perderem a capacidade de dialogar e influenciar o comportamento dos filhos. É quando dizemos que o relacionamento ficou disfuncional. Em algumas situações, quando por exemplo o adolescente usa maconha, os pais muitas vezes reagem agressivamente e acabam perdendo a capacidade de continuar o diálogo e de serem ouvidos pelo filho.

Se há uma boa relação entre pais e filho (diálogo e compreensão) é muito provável que este se convença de seu problema e passe a buscar ele mesmo a força interna essencial para interromper o consumo. Muitas vezes, o filho necessita apenas de estímulo e de informação; precisa saber que existem pessoas próximas que gostam dele e acreditam na sua capacidade de mudança. O grau de ajuda que os pais podem dar ao filho varia, mas é senso comum que o consumo da droga não deve ser estimulado.

Lembramos que os pais devem estar bem informados sobre a droga usada pelo filho, que, por sua vez, deve receber essas informações do modo mais imparcial e menos alarmista possível.

O mito:

A família também precisa de tratamento.

A verdade

A maioria das famílias precisa essencialmente de informação, apoio, ajuda e orientação básica. Pais sempre querem fazer o melhor para ajudar seus filhos, mas às vezes o que julgamos bom procedimento pode na realidade até piorar a situação do usuário.

Há histórias de pais que acabam comprando crack para os próprios filhos, até levando-os de carro aos pontos de venda da droga. Isso pode parecer uma loucura, mas muita água já rolou quando os pais chegam a esse ponto de desespero. Seguem outros exemplos, muito mais comuns:

- os pais ligam para a escola ou para o trabalho do filho dizendo que ele está doente, quando, na verdade, está usando a droga ou se recuperando dos seus efeitos;

- os pais dão desculpas ou inventam histórias a parentes, vizinhos e colegas para explicar o comportamento do filho;

- os pais pagam as dívidas do filho que gastou todo o seu dinheiro em drogas.

Um dos primeiros procedimentos dos pais deve ser parar de acobertar e proteger o filho. Ele mesmo tem de sofrer as consequências do uso da droga. Devem fazer com que o filho telefone para a escola ou para o trabalho e explique por que não está em condições de trabalhar, por exemplo. Os pais devem contar à família toda qual é o problema dele e, se for preciso, também devem falar com o chefe no trabalho.

Muitas vezes os pais precisam tomar decisões muito difíceis. Imagine o caso de um jovem cujos pais são pobres: um dia o filho recebe uma ameaça de morte porque não pagou a dívida com o traficante. Poucos pais deixariam de pagar essa dívida, pois sabem dos riscos envolvidos e de jovens assassinados por envolvimento com drogas. Como agir numa situação como essa? Nenhum profissional tem uma resposta muito clara.

A experiência mostra que nas famílias em que há usuários de drogas também ocorrem outros problemas, sejam eles de relacionamento entre familiares ou de doença. É preciso tomar cuidado, porque muitas vezes o dependente se torna o "paciente identificado" da família, isto é, ele concentra todos os problemas do grupo familiar, como se fosse o único problemático.

Num primeiro momento, é necessário realmente focalizar a atenção no dependente; depois, torna-se extremamente saudável buscar uma ajuda para a família em geral. A cura do dependente gera mudanças no núcleo familiar, desequilibrando a família habituada a ter um membro dependente.

TRATAMENTO

Sabemos que ninguém fica dependente de drogas de uma hora para outra. Uma espiral para baixo (*fig. 1*) é a forma de entendermos graficamente o processo de dependência. Além da experiência prazerosa (não se deve esquecer que o usuário sente prazer com a droga), o dependente começa a experimentar algum tipo de problema com o uso da droga. Em geral ele não nota esses problemas, acreditando que está tudo sob controle e que usa a droga quando quer etc. Muitas vezes o usuário também não percebe que as prioridades de sua vida começaram a mudar, que a escola e seus compromissos ficaram de lado, que a vida familiar com suas obrigações tornaram-se um tormento e fonte de brigas, que a saúde física e mental passou a ser desconsiderada, que tenta agora obter dinheiro a qualquer custo exclusivamente para comprar a droga.

Todos esses fatores acabam-se somando e fazendo com que a pessoa entre num círculo vicioso para baixo, em que a droga (mais enfaticamente a cocaína e o crack, em comparação à maconha) é o principal fator de ligação dos eventos negativos no processo de dependência. Para entendermos o que é o tratamento, temos também de entender esse processo. Devemos buscar uma série de mudanças que possa elevar o indivíduo numa espiral para cima (*fig. 1*). Uma mudança positiva dá oportunidade para outra mudança positiva, é o que chamamos círculo virtuoso, em que coisas boas chamam coisas boas.

O tratamento deve então ser considerado dentro de uma ampla gama de ações: o envolvimento familiar, o afastamento do

Figura 1

grupo e dos locais com quem e onde o usuário consumia drogas, o incentivo a novas formas de relacionamento social (novos grupos, nova religião, novo emprego, grupos de autoajuda) até a ajuda profissional propriamente dita.

O mito:

Só a internação funciona como tratamento.

A verdade

Normalmente a família tenta uma série de intervenções antes de buscar a ajuda de um especialista. Mas chega um momento em que se espera algo eficiente e rápido para mudar o comportamento do usuário. Antes de mais nada, é essencial que os familiares tenham em mente que não é fácil deixar uma dependência; o processo é lento, as recaídas ocorrem e não devem ser encaradas como fracasso, mas como uma fase do tratamento.

Muitas vezes vale a pena, antes de recorrer à ajuda profissional (ou concomitantemente), procurar motivar a pessoa à vida, reinserindo-a nas atividades rotineiras (estudos, trabalhos, refeições, higiene etc.) e socioculturais (cinema, leituras, encontro com amigos etc.). Algumas atitudes podem auxiliar na cessação do consumo e na prevenção das recaídas:

– afastamento do meio social antigo, dos companheiros de consumo, e busca de outros contatos;

– mudar de residência, ainda que temporariamente, pode ser terapêutico.

O tipo de tratamento depende da droga em questão e do estágio de dependência em que se encontra o usuário. Descreveremos a seguir alguns tipos de tratamento que podem ser usados:

Desintoxicação

O nome desse tipo de tratamento não é o mais correto, pois a cocaína e o crack não ficam no organismo por muito tempo, tampouco a maconha. A maioria das pessoas que buscam desintoxicação não estão intoxicadas no sentido médico da palavra; na maior parte das vezes elas apresentam sintomas de uso crônico da droga, como emagrecimento, deterioração mental, ansiedade e uma série de sintomas de abstinência. Os sintomas de abstinência podem durar de seis a oito semanas para a cocaína e para o crack, período no qual o usuário está bastante vulnerável a recaídas. Na desintoxicação devemos ter dois procedimentos:

1. *Melhorar as condições gerais do usuário* – Alimentação balanceada acompanhada de oportunidade e tranquilidade para dormir são importantes para o usuário de cocaína (em geral magro e com o sono atrasado). A maconha não mexe tanto com o aspecto físico da pessoa e sim com o psicológico.

2. *Medicações que possam aliviar os sintomas de abstinência* – Ainda não possuímos um tratamento-padrão que melhore esses sintomas, mas as drogas mais usadas são os antidepressivos.

    – Antidepressivos: Com o uso crônico dos estimulantes (cocaína/crack), o sistema nervoso fica num estado de estímulo artificial. Quando a pessoa para de usar a droga, existe a tendência de o sistema nervoso produzir um efeito rebote, que são os sintomas de abstinência mais ou menos opostos aos efeitos da cocaína e do crack (ansiedade, depressão, falta de vontade de fazer qualquer coisa, irritabilidade e um desejo intenso de usar a droga). As medicações antidepressivas parecem diminuir a intensidade de todos esses sintomas. O maior inconveniente desse tipo de medicação é que os seus efeitos demoram mais de dez dias para aparecer, necessitando-se portanto de grande colaboração dos pacientes.

- Calmantes ou tranquilizantes (ansiolíticos): Quando a pessoa para de usar a cocaína/ crack podem predominar sintomas de ansiedade, agitação e irritabilidade. As medicações que combatem a ansiedade (calmantes) podem ser úteis para reduzir esse estado, tornar a abstinência mais tolerável e diminuir a chance de recaída. Os calmantes não parecem ter um efeito específico sobre a abstinência da cocaína e do crack, mas diminuem a ansiedade global. Sua grande vantagem é que seu efeito ocorre em poucos minutos.

- Outras drogas: Às vezes aparecem sintomas de psicose, ou seja, perturbações mentais, como agitação e medo intenso, que podem associar-se a sensações de persecutoriedade (na gíria dos usuários chamada de "noia", à semelhança de uma doença psiquiátrica chamada paranoia). Nessa situação as medicações antipsicóticas aliviam os sintomas em questão de horas ou dias.

No caso da maconha, é mais raro usar-se alguma medicação no tratamento; quando utilizada, é pelas mesmas razões acima mencionadas.

Internação

Recentemente, no nosso meio, houve uma expansão muito grande do número de clínicas privadas e de organizações não governamentais (ONGs). Aparentemente a boa vontade em tratar pessoas dependentes focalizou-se em demasia em apenas uma das possibilidades terapêuticas: a internação em detrimento de outras formas comunitárias de tratamento. Deve-se portanto colocar a importância da internação em perspectiva, pois do contrário ela pode ser encarada como a única forma de tratamento que realmente funciona. Na realidade, as publicações científicas que comparam internação com tratamento ambulatorial mostram que este último é no mínimo igual à internação, em termos de evolução, após seis meses a um ano. A internação não é solução para todos os usuários e mesmo o tempo de internação pode variar de internações curtas a internações de no máximo algumas semanas. A internação não deveria ser considerada como o único tratamento, mas como um dos eventos importantes no processo de recuperação.

A indicação de internação depende de alguns fatores, dentre eles: várias tentativas de tratamento ambulatorial que não deram certo, reconhecimento pelo usuário de que não está conseguindo ficar longe das drogas, deterioração física, sintomas psicóticos persistentes associados ao uso de cocaína/crack, envolvimento criminal persistente e necessidade vital de afastamento do local onde vive.

Quanto aos efeitos da internação, podemos afirmar que ela proporciona um ambiente seguro, no qual a pessoa fica distante do meio onde usava a droga e tem a oportunidade de se recuperar física e mentalmente. Em contrapartida, o que realmente ocorrer em termos de tratamento psicológico nas clínicas é bastante variado. Aparentemente predomina uma combinação das ideias de recuperação baseada nos doze passos dos Alcoólicos Anônimos com ideias de conscientização em relação ao problema. Em algumas clínicas o paciente fica por um mês longe da família e imerso no ambiente terapêutico. A maior parte das atividades são feitas em grupo e a pessoa tem a oportunidade de trocar experiência com outros usuários sobre o processo de recuperação.

O tempo de internação varia bastante e depende muito de quão estruturado é o programa da clínica. As internações mais curtas, de duas semanas, são focadas na desintoxicação, e pouco mais do que o aspecto físico da dependência pode ser tratado. Alguns programas duram de oito a doze semanas, período mínimo de conscientização do problema, segundo seus defensores. Outras clínicas propõem internações prolongadas por vários meses, como as comunidades terapêuticas; nesse tipo de internação os pacientes participam intensamente de toda a organização da clínica, muitas vezes cultivando a terra na produção de alimentos, fazendo faxina, cozinhando etc. O princípio é que por meio dessas atividades a pessoa reaprenderia uma série de responsabilidades e contatos sociais que foram perdidos no processo de dependência de drogas.

Em resumo, a internação como forma de tratamento pode ser bastante útil para um bom número de usuários. Infelizmente no nosso meio ela é usada demais, sem muitos critérios, e muitos dos locais que a oferecem não são qualificados para esse tipo de trabalho. É um tratamento caro, e nem sempre traz os resultados esperados. Por isso deve ser usado com critério.

Mais importante ainda: a internação, seja ela curta ou prolongada, deve ser incluída num plano de tratamento do qual façam parte outras abordagens. A internação, principalmente a mais curta (de desintoxicação), perde o valor quando o usuário volta a consumir a droga depois de quinze dias de internação (o que é bastante comum!). Além disso, devemos ter em mente que a internação também pode provocar efeitos deletérios no paciente. Por exemplo, conviver por semanas com um grupo de usuários "pesados", muitas vezes com complicações mentais graves e muito mais experientes, pode produzir influências negativas em usuários menos experimentados e com menores complicações.

Internação domiciliar e tratamento ambulatorial

O fato de a internação custar muito, quer para a família, quer para o Estado que financia, motivou os profissionais a buscar formas alternativas de proteger o usuário de drogas das pressões sociais. Uma alternativa que se tem revelado útil é o que chamamos de internação domiciliar. Esse tipo de internação só é possível numa família que pode efetivamente cuidar do paciente em casa por algumas semanas. Durante esse período o paciente deve ficar em casa o tempo todo, como se estivesse internado. O tratamento é iniciado com medicações para diminuir o desconforto da parada do uso de drogas. Deve existir um compromisso do paciente de aceitar as regras, e qualquer quebra de confiança na internação propriamente dita deve ser considerada imediatamente. O paciente só deve sair de casa acompanhado de algum parente ou amigo, com o intuito de seguir o tratamento ambulatorial ou de participar de grupos de autoajuda,

A experiência tem mostrado que um número substancial de pacientes beneficiam-se deste tipo de abordagem. É claro que o envolvimento familiar é muito mais intenso e a família deve estar informada de como lidar com as crises que inevitavelmente ocorrerão. Essa experiência pode tornar-se muito importante, pois no processo de recuperação do usuário a ajuda familiar é fundamental.

A internação domiciliar deve vir acompanhada de um tratamento ambulatorial intensivo, em que várias visitas a um especialista devem ocorrer durante a semana. Esses contatos visam ajudar o usuário a entender melhor o seu processo de dependência e recuperação, a discutir as dificuldades, as vantagens e as desvantagens do uso da droga e a preparar-se para evitar as situações de risco. Paralelamente o profissional deve orientar conjuntamente a família sobre a ajuda a ser dada.

A melhor definição desse tipo de abordagem seria uma parceria entre o paciente, a família e o terapeuta. O profissional da área deve deixar o mais claro possível quais os objetivos a serem alcançados a curto, médio e longo prazo. No começo, deve-se fazer um plano a cada semana. Tanto a família como o paciente devem estar muito bem informados sobre esses objetivos iniciais, os efeitos da medicação e os riscos envolvidos. Pelo menos no primeiro mês de tratamento devem-se traçar os objetivos a serem alcançados a cada semana.

Grupos de autoajuda (Narcóticos Anônimos)

Os grupos de autoajuda para os usuários de drogas – Narcóticos Anônimos (NA) – evoluíram a partir da experiência dos Alcoólicos Anônimos (AA). Tanto o NA quanto o AA são na realidade uma irmandade, um serviço gratuito baseado exclusivamente na disponibilidade e na generosidade dos seus membros. Os AA seguem uma doutrina de recuperação baseada nos chamados doze passos:

1. Admitimos que somos impotentes em relação ao álcool e que nossas vidas ficaram fora de controle.

2. Acreditamos que um poder superior pode nos ajudar a recuperar a nossa sanidade.

3. Tomar a decisão de voltar nossa vontade e nossas vidas para a busca de Deus como cada um de nós o entende.

4. Fazer um inventário moral de nós mesmos sem medo.

5. Admitir para Deus, para nós mesmos e para os outros a exata natureza de nossos erros.

6. Estamos prontos para que Deus remova todos esses nossos defeitos de caráter.

7. Humildemente pedir a ele que remova nosso lado mau.

8. Fazer uma lista de pessoas que nós ofendemos e fazer esforços para diminuir as ofensas já feitas.

9. Fazer uma reparação para essas pessoas quando possível, sem prejudicá-las.

10. Continuar a fazer inventários sobre nossas vidas e, quando estivermos errados, admitir o fato prontamente.

11. Buscar através de preces e meditação melhorar nosso contato consciente com Deus como o entendemos.

12. Tendo tido um despertar espiritual como resultado desses passos, tentaremos levar essa mensagem aos dependentes.

Os grupos de NA funcionam basicamente através de reuniões diárias em que alguns usuários em recuperação coordenam os grupos que discutem a experiência de cada um durante o processo de dependência e a recente recuperação. Os membros desses grupos seguem os doze passos citados anteriormente, que, embora possam parecer por demais simples, oferecem a oportunidade de as pessoas se organizarem e se recuperarem. Apesar da ênfase em Deus, esses grupos não são religiosos e não mantêm nenhuma ligação com grupos políticos ou sistemas de tratamento. Eles se mantêm exclusivamente por contribuições voluntárias de seus membros. Qualquer ligação fora do NA/AA é enfaticamente rejeitada por seus membros.

Associados aos grupos de autoajuda para os usuários existem grupos de orientação para os familiares. Nesses grupos, famílias com o mesmo tipo de problema discutem também a reação que tiveram durante a evolução da dependência e as estratégias que poderiam ser usadas para ajudar o dependente.

Existem outros grupos de autoajuda em que a ênfase religiosa é muito maior do que nos grupos de NA. Alguns grupos evangélicos, católicos etc. orientam a recuperação da dependência das drogas por meio de uma busca religiosa.

Mais uma vez vale a pena ressaltar a importância de os familiares buscarem ajuda na forma de orientação ou mesmo apoio em grupos de autoajuda e em ambulatórios que oferecem esse serviço.

O mito:

A opinião do usuário de drogas
não é importante ao tratamento.

A verdade

Como já discutimos anteriormente, não existe um tratamento único que seja bom para todos o tempo inteiro. Os estudos mostram que muitas vezes as pessoas acabam buscando vários tipos de tratamento em diferentes estágios da sua recuperação até achar algo permanente. É muito difícil avaliar qual teria sido o fator mais importante na recuperação do indivíduo, mas o envolvimento familiar intenso, o entendimento muito claro do processo de recuperação e dos princípios do tratamento parecem muito importantes.

É preciso levar em consideração a opinião do usuário, que, por mais afetado que esteja, na maioria das vezes ainda é capaz de decidir sobre o que é melhor para si mesmo.

O mito:

Não é possível prevenir a recaída.

A verdade

Um dos maiores avanços no tratamento das dependências de drogas na última década foi a criação de técnicas que ajudam as pessoas a prevenir as recaídas. Todo um trabalho deveria ser feito com o usuário para que ele mesmo identificasse as situações de risco, situações em que ele tenderia a voltar a usar a droga. O usuário é o melhor radar dessas situações, e por isso devemos conquistar a sua colaboração nesse trabalho de identificação.

O usuário também precisa desenvolver comportamentos que seriam como alternativas ao uso de drogas. Por exemplo, é muito comum o usuário de cocaína ou de crack consumir a droga quando está deprimido e ansioso, ou após interromper o uso e sob um estado de depressão. Ele deverá portanto aprender outras formas de lidar com a depressão que não seja usando drogas.

As pessoas que não são dependentes de drogas usam mecanismos mentais e comportamentais para diminuir a depressão: assistem à televisão, leem um livro, conversam com amigos, refletem sobre as alternativas para o problema etc. Para o usuário de drogas, a situação é mais difícil, porque a droga é uma saída fácil e rápida para aliviar o desconforto.

A própria atitude do usuário em relação à recaída pode ajudá-lo a superar a frustração de ter voltado a se drogar. A resposta do usuário deve ser positiva, e ele deve refletir sobre o caso, identificar a situação em que a recaída ocorreu e pensar no que poderia ter feito como alternativa ao uso da droga. O usuário só tem a perder se, após a recaída, ficar com baixa autoestima, achando-se um caso perdido, um drogado etc. Pensamentos negativos nunca trazem bons resultados em situação alguma.

A recaída é sempre uma crise e tem de ser tratada como tal, não deve ser minimizada, mas também não é motivo para pânicos. Ela é uma oportunidade de o usuário aprender sobre as suas situações de risco e tentar conseguir uma recuperação com o menor número de crises possível.

O mito:

A recaída significa que o caso não tem solução.

A verdade

É extremamente comum que os usuários de qualquer droga tenham recaída durante o tratamento. Se acompanharmos qualquer usuário em tratamento ao longo de um ano, aproximadamente 80% deles terão recaída. Há alguns anos esse percentual era motivo de desânimo para os profissionais, as famílias e os pacientes. Hoje em dia, no entanto, o processo de recaída é entendido de outra forma.

É importante termos em mente que a recaída faz parte do processo de tratamento e de recuperação do usuário. Portanto, recaída não significa que o caso não tenha solução, mas que é preciso corrigir a rota do tratamento e aprender com os erros.

 *O mito:*

*A força de vontade é suficiente
para o usuário deixar de usar a droga.*

A verdade

Estudos científicos têm mostrado que um número substancial de pacientes recupera-se sem ajuda profissional. Lembramos que o usuário nunca perde totalmente a capacidade de autoajuda, no entanto, à medida que o grau de dependência aumenta e o envolvimento com a cultura da droga fica por demais importante na vida do usuário (ou quando ele já se frustrou em várias tentativas de cura), a chance de recuperação sem ajuda profissional diminui muito. No caso da cocaína e do crack, a chance de autoajuda é pequena porque o grau de dependência costuma ser muito alto e a droga aparece quase sempre como coadjuvante nas atividades do usuário.